저만치 봄, 걸음걸음 진달래

이 책은 김소월의 시를 담는 데 있어 시인의 언어를 살렸으나,
지금의 독자가 이해하기 쉽도록 일부 현재의 맞춤법에 따라
교정되었음을 알립니다.

저만치 봄, 걸음걸음 진달래

김소월

향기시집

더블북

추천사

매캐한 황혼의 냄새

한국에서 향기시집을 맨 처음 내보자고 제안한 사람이 나입니다. 누구도 그런 생각을 하지 않았지만 나는 아주 오래전부터 향기 나는 시집이 왜 없을까, 불만했고 향기 나는 시집을 여러 출판사에 제안했었습니다. 그러나 그런 엉뚱한 제안을 쉽게 받아주는 출판사는 없었습니다. 오직 더블북 출판사만이 그런 제안을 받아들여 내 시집을 향기시집으로 냈던 것입니다.

이렇게 나는 자신의 시집을 향기시집으로 내면서 더블북 김현종 대표에게 내 시집만이 아니라 김소월 선생과 윤동주 선생의 시집도 향기시집으로 엮어 달라고 부탁했었습니다. 윤동주 선생의 향기시집은 이미 나왔고 이번에 나온 시집이 김소월 선생의 향기시집입니다. 반가운 마음이고 고마운 마음입니다.

이미 나온 윤동주 선생의 시집은 샘물처럼 깨끗하고 새벽처럼 푸르른 향기였으면 좋겠다는 생각을 했습니다. 그렇다면 김소월 선생의 향기시집은 어떤 향기가 나면 좋을까요?

언뜻 진달래꽃 향기. 은은하고 부드럽고 사랑스런 향기. 하지만 김소월 선생에게서 나는 향기는 그렇게 단일의 향기만은 아닌 것 같습니다.

출판사의 스스로 평가와 설명은 그렇습니다. '봄의 싱그러움과 달콤함을 은은하게 표현했습니다.' 글쎄요. 김소월 선생의 향기는 그렇게 단순하기만 할까요?

시인 자신이 짧은 생애를 살기는 했지만 복잡다난한 삶을 사셨기에 향기 또한 종합적이리라는 생각이 듭니다. 차라리 나는 혼곤한 저녁노을, 그 뒤를 따라오는 매캐한 황혼의 냄새가 나지 않을까 싶습니다.

어쨌든 좋습니다. 출판사의 의도나 조향사는 비록 그런 의도로 향기를 제공했다지만 시집을 펼쳐 향기를 맡는 독자들은 한 가지의 향기만이 아니라 여러 가지의 향기를 더불어 맡아주었으면 하는 것이 나의 소망이며 나의 숨겨진 은근한 소감입니다.

윤동주 선생의 향기시집에 이어 김소월 선생의 향기시집까지 만날 수 있게 되어 내 일처럼 기쁘고 반갑습니다.

향기시집 안에서 우리 만나서 서로 웃고 느끼고 행복했으면 합니다.

나태주, 시인

추천사

당신의 그리움이 뭘 만들었는지 좀 봐요

시詩는 말하지 않음으로써 말한다. 그러나 말해야만 하는 것을 전부 '말해내는' 것이기도 하다. 소월의 시가 꼭 그렇다. 백 년 전에 나타난 이 시인은 종이 위에 가감 없이 그리고 아름답게 토로했다. 만남과 헤어짐이 끊임없이 교차하는 삶의 방식을 이해했으며 그 과정에서 "도적같이 달려드는 슬픔"(「바닷가의 밤」)을 응시했고, 자신의 "깊이 믿던 심성"(「깊이 믿던 심성」)을 탓하지 않았다. 그리하여 백 년이 지난 오늘날 보아도 갓 지어진 세계를, 소월은 완성했다.

시집을 덮고 나면 어느덧 나는 그의 세계 어느 높은 절벽 위에 선 채 이렇게 말하게 된다. 당신의 그리움이 뭘 만들었는지 좀 봐요……. 파릇한 봄 별빛, 보르르 떠는 나뭇잎, 기러기의 노래, 서리 찬 새벽 공기 냄새까지. 그가 지은 세상 속 널리 퍼진 그리움은 보이는 것이고 만져지는 것이며 들리는 것이자 이다지도 풍기는 것이다.

나는 소월의 세계 앞에서 나 홀로 지녔다고 여긴 희부연 그리움이 결코 혼자만의 것이 아님을, "이 나의 맘에 속에 속 모를 곳에/ 늘 있는"(「맘에 속의 사람」) 무연한 정서가 실은 백 년 전의 시인이 개여울에 던지던 꽃부리였음을 깨닫는다. 그렇게 이 세계가 언제나 내가 다시 돌아올 세계임을 느끼면서, 그러니까 온몸으로 감각하면서 "석양 손에/ 고요히 조으는 한때"(「추회追悔」)가 마치 일곱 번째 날처럼 먼 옛날 그에게 주어졌기를 그리고 다가올 미래의 나에게도 주어지기를 기대한다.

지금은 다른 세상이 된 이들과 우리가 집이라고 부르던 모든 순간을 "맘이 물이라/ 저절로 차츰 잊고"(「흘러가는 물이라 맘이 물이면」). 그렇게 흘러오는 백 년 전의 꽃잎을 주워 보면 문득 내 손안에 조약돌로 쥐어져 있다. 나는 우리가 언어라고 일컫는 이 예쁜 돌들을 가지고 탑을 쌓는 중이다. 이것이 백 년 후 누군가에게 새 눈이 새 빛이 새 바람이 새 꿈이 그리고 새 시가 되기를, 기도하는 마음으로.

전욱진, 시인

조향사의 글

봄을 알리는 진달래 향을 머금고

김소월 시인은 한국인이 가장 사랑하고 존경하는 시인 중 한 분이기에 시인의 시집을 위한 조향 작업은 그 의미가 남달랐습니다.

'님', '진달래', '사랑', '자연' 등 김소월 시인의 시 작품들에 많이 담긴 주요 정서와 시어들을 대하며 그에 맞는 향을 떠올려 작업했습니다. 여성 화자가 섬세하게 내면 정서와 아름다운 자연 풍경을 묘사한 데서 은은한 머스크와 스파이시 우디의 조화를 품은 따뜻한 샌달우드 향이 떠올라 스파이시 머스크 우디 계열로 조향했습니다. 샌달우드 향을 베이스로 하고, 시인의 대표작 「진달래꽃」, 「산유화」, 「초혼」에서 나타난 심상을 더하고자 했습니다.

「진달래꽃」의 '가시는 걸음걸음/ 놓인 그 꽃을/ 사뿐히 즈려밟고 가시옵소서'에서 느껴지는 애절함을 앰버와 베티버 향으로 담아냈습니다.

「산유화」의 '산에/ 산에/ 피는 꽃은/ 저만치 혼자서 피어 있네.// 산에서 우는 작은 새요/ 꽃이 좋아/ 산에서/ 사노라네'에서 느껴지는 고독감과 존재에 대한 고찰을 아이리스 향으로 표현했습니다

「초혼」에 담긴 '산산이 부서진 이름이여!' '부르다가 내가 죽을 이름이여!' 시구에서 반복적으로 애절하게 드러나는 이별을 화이트머스크, 세이지의 향으로 섬세하게 나타내고자 했습니다.

조향 작업을 하는 내내 섬세하고도 애잔한 정서의 의미를 곱씹었습니다. 깊이 깃든 슬픔이라는 개인적 감정에 시대적 애환을 절절히 반영하여 더욱 보편적 아픔이 생생하게 드러나는 김소월 시인의 시가 향을 통해 독자분들의 가슴에 깊은 잔향을 남기길 바랍니다.

서지운, 조향사

차례

5 　추천사
　　매캐한 황혼의 냄새 — 나태주

8 　추천사
　　당신의 그리움이 뭘 만들었는지 좀 봐요 — 전욱진

10 　조향사의 글
　　봄을 알리는 진달래 향을 머금고 — 서지운

1부

샛보얀
그리움

○

19 　진달래꽃
20 　못 잊어
21 　자나 깨나 앉으나 서나
22 　그를 꿈꾼 밤
23 　꿈꾼 그 옛날
24 　꿈꾼 옛날
25 　꿈으로 오는 한사람
26 　먼 후일
27 　나의 집
28 　금잔디
29 　님의 노래
31 　님에게
32 　님의 말씀
34 　잊었던 맘
35 　눈오는 저녁
36 　눈
37 　개여울
40 　해가 산마루에 저물어도
41 　밭고랑 위에서
43 　비단안개
45 　새벽
46 　가을 아침에
48 　공원의 밤
49 　옛이야기
51 　깊고 싶은 언약
52 　애모

53	만나려는 심사
54	맘에 속의 사람
56	실제失題 2
58	드리는 노래
60	낭인의 봄
63	粉 얼 골
64	두 사람
65	원앙침
67	합장
68	초혼

2부

거뭇한
설움

○

73	봄비
74	오는 봄
76	가는 봄 삼월
77	작은 방 속을 나 혼자
78	설움의 덩이
79	고독
81	엄숙
82	옛 낯
84	예전에 미처 몰랐어요
85	바다가 변하여 뽕나무밭 된다고
86	밤
87	서울밤
89	가는 길

3부

**송글한
아림**

○

93   엄마야 누나야
94   부모
95   우리 집
96   달맞이
97   바라건대는 우리에게
     우리의 보섭대일
     땅이 있었더면
99   나는 세상 모르고
     살았노라
101 팔베개 노래
106 삭주 구성
108 여수
109 바다
110 산 위에
112 남의 나라 땅
113 물마름
116 마음의 눈물
118 제이, 엠, 에쓰
120 상쾌한 아침

4부

**나릿한
머묾**

○

125 바람과 봄
126 봄밤
127 여름의 달밤
132 월색
133 가을 저녁에
134 찬 저녁
136 바닷가의 밤
138 꿈길
139 길
141 구름
142 자주 구름
144 오시는 눈
145 하늘 끝
146 열락
147 붉은 조수
148 접동새
150 닭은 꼬구요
152 귀뚜라마
153 산유화

155 첫 치마
156 널
158 담배
159 옷과 밥과 자유
160 님과 벗
161 기분전환
162 건강한 잠
163 만리성
165 사노라면 사람은
  　 죽는 것을
167 등불과 마주 앉았으려면
168 꽃촉燭불 켜는 밤
169 하다 못해
  　 죽어 달려가 올라
171 깊이 믿던 심성
172 흘러가는 물이라
  　 맘이 물이면
174 무신無信
175 추회

1부

샛보얀
그리움

진달래꽃

나 보기가 역겨워
가실 때에는
말없이 고히 보내드리우리다

영변寧邊에 약산藥山
진달래꽃
아름따다 가실 길에 뿌리우리다

가시는 걸음걸음
놓인 그 꽃을
사뿐히 즈려밟고 가시옵소서

나 보기가 역겨워
가실 때에는
죽어도 아니 눈물 흘리우리다

못 잊어

못 잊어 생각이 나겠지요,
그런대로 한세상 지내시구려,
사노라면 잊힐 날 있으리다.

못 잊어 생각이 나겠지요,
그런대로 세월만 가라시구려,
못 잊어도 더러는 잊히오리다.

그러나 또한긋˙ 이렇지요,
'그리워 살뜰히 못 잊는데,
어쩌면 생각이 떠지나요?'

• 또한긋: 또 한편, 또 한끝

자나 깨나 앉으나 서나

자나 깨나 앉으나 서나
그림자같은 벗 하나이 내게 있었습니다.

그러나, 우리는 얼마나 많은 세월을
쓸데없는 괴로움으로만 보내였겠습니까!

오늘은 또다시, 당신의 가슴속, 속 모를 곳을
울면서 나는 휘저어 버리고 떠납니다그려.

허수한˙ 맘, 둘 곳 없는 심사心事에 쓰라린 가슴은
그것이 사랑, 사랑이던 줄이 아니도 잊힙니다.

• 허수한: 허전하고 서운한

그를 꿈꾼 밤

야밤중, 불빛이 발갛게
어렴풋이 보여라.

들리는 듯, 마는 듯,
발자국 소리.
스러져 가는 발자국 소리.

아무리 혼자 누워 몸을 뒤재도
잃어버린 잠은 다시 안 와라.

야밤중, 불빛이 발갛게
어렴풋이 보여라.

• 뒤재도: 뒤척여도

꿈꾼 그 옛날

밖에는 눈, 눈이 와라,
고요히 창 아래로는 달빛이 들어라.
어스름 타고서 오신 그 여자는
내 꿈의 품속으로 들어와 안겨라.

나의 벼개는 눈물로 함빡히 젖었어라.
그만 그 여자는 가고 말았느냐.
다만 고요한 새벽, 별그림자 하나가
창틈을 엿보아라.

꿈꾼 옛날

흰 눈은 창 아래에 쌓여라, 달 밝은 밤
저녁 어스름 밟고서 그 여자는 왔어라
그리 그립던데 억하여 맞대이며 울어라
그는 첫 말이, 나도 첫 말이, 아! 꿈 아닌가!
흰 눈 쌓여라, 고요히 창 아래 달 밝은 밤
작은 발 흔들리는 그림자, 눈물 어려져
새는 새벽은 눈앞에 그 여자는 갔어라
빈 가지 더듬는 바람소리, 지새이는 달
다시금 흰 눈 날아라, 꿈이요, 인제요

꿈으로 오는 한사람

나이 자라지면서 가지게 되였노라
숨어 있던 한사람이, 언제나 나의,
다시 깊은 잠 속의 꿈으로 와라
붉으렷한 얼굴에 가늣한* 손가락의,
모르는 듯한 거동도 전날의 모양대로
그는 야젓이** 나의 팔 위에 누워라
그러나, 그래도 그러나!
말할 아무것이 다시 없는가!
그냥 먹먹할 뿐, 그대로
그는 일어라. 닭의 홰치는 소리.
깨어서도 늘, 길거리엣 사람을
밝은 대낮에 빗보고는*** 하노라.

---

* 가늣한: 약간 가는, 가느다란
** 야젓이: 말, 행동이 점잖고 의젓하게
*** 빗보고는: 실제와 다르게 보다, 착각하여 잘못 보고는

먼 후일

먼훗날 당신이 찾으시면
그때에 내 말이 '잊었노라'

당신이 속으로 나무라면
'무척 그리다가 잊었노라'

그래도 당신이 나무라면
'믿기지 않아서 잊었노라'

오늘도 어제도 아니 잊고
먼훗날 그때에 '잊었노라'

나의 집

돌가에 떨어져 나가앉은 멧기슭의
넓은 바다의 물가 뒤에,
나는 지으리, 나의 집을,
다시금 큰길을 앞에다 두고.
길로 지나가는 그 사람들은
제가끔 떨어져서 혼자 가는 길.
하이얀 여울턱에 날은 저물 때.
나는 문간에 서서 기다리리
새벽새가 울며 지새는 그늘로
세상은 희게, 또는 고요하게,
번쩍이며 오는 아침부터,
지나가는 길손을 눈여겨보며,
그대인가고, 그대인가고.

금잔디

잔디,
잔디,
금잔디,
심심산천에 붙는 불은
가신 님 무덤 가의 금잔디.
봄이 왔네, 봄빛이 왔네.
버드나무 끝에도 실가지에.
봄빛이 왔네, 봄날이 왔네,
심심산천에도 금잔디에.

님의 노래

그리운 우리 님의 맑은 노래는
언제나 제 가슴에 젖어 있어요

긴 날을 문밖에서 서서 들어도
그리운 우리 님의 고운 노래는
해 지고 저무도록 귀에 들려요
밤들고 잠드도록 귀에 들려요

고이도 흔들리는 노래가락에
내 잠은 그만이나 깊이 들어요
고적한 잠자리에 홀로 누워도
내 잠은 포스근히˚ 깊이 들어요

그러다 자다깨면 님의 노래는

• 포스근히: 포근히

하나도 남김 없이 잃어버려요
들으면 듣는 대로 님의 노래는
하나도 남김 없이 잊고 말아요

님에게

한때는 많은 날을 당신 생각에
밤까지 새운 일도 없지 않지만
아직도 때마다는 당신 생각에
축업은˙ 베갯가의 꿈은 있지만

낯모를 딴 세상의 네길거리에
애달피 날 저무는 갓 스물이요
캄캄한 어두운 밤 들에 헤매도
당신은 잊어버린 설움이외다

당신을 생각하면 지금이라도
비오는 모래밭에 오는 눈물의
축업은 베갯가의 꿈은 있지만
당신은 잊어버린 설움이외다

- 축업은: 축축하다는 의미의 정주 지방어

님의 말씀

세월이 물과 같이 흐른 두 달은
길어둔 독엣 물도 찌엇지마는·
가면서 함께 가자 하던 말씀은
살아서 살을 맞는 표적이외다

봄풀은 봄이 되면 돋아나지만
나무는 밑그루를 꺾은 셈이요
새라면 두 쪽지가 상한 셈이라
내 몸에 꽃필 날은 다시 없구나

밤마다 닭소리라 날이 첫 시時면
당신의 넋맞이로 나가볼 때요
그믐에 지는 달이 산에 걸리면
당신의 길신가리·· 차릴 때외다

· 찌엇지마는: 고여 있던 물이 새어서 줄었지마는

세월은 물과 같이 흘러가지만
가면서 함께 가자 하던 말씀은
당신을 아주 잊던 말씀이지만
죽기 전 또 못 잊을 말씀이외다.

•• 길신가리: 죽은 이를 위해 하는 굿의 하나

잊었던 맘

집을 떠나 먼 저곳에
외로이도 다니던 내 심사(心事)를!
바람불어 봄꽃이 필 때에는,
어이하여 그대는 또 왔는가,
저도 잊고 나니 저 모르던 그대
어찌하여 옛날의 꿈조차 함께 오는가.
쓸데도 없이 서럽게만 오고 가는 맘.

눈오는 저녁

바람 자는 이 저녁
흰 눈은 퍼붓는데
무엇하고 계시노
같은 저녁 금년은……

꿈이라도 꾸면은!
잠들면 만나련가.
잊었던 그 사람은
흰 눈 타고 오시네.
저녁때, 흰 눈은 퍼부어라.

눈

새하얀 흰 눈, 가비얍게 밟을 눈,
재 같아서 날날 듯 꺼질 듯한 눈
바람엔 훗터저도 불길에야 녹을 눈.
계집의 마음. 님의 마음.

개여울

당신은 무슨 일로
그리합니까?
홀로히 개여울에 주저앉아서

파릇한 풀포기가
돋아 나오고
잔물은 봄바람에 해적일 때에

가도 아주 가지는
않노라시던
그러한 약속이 있었겠지요

날마다 개여울에
나와 앉아서
하염없이 무엇을 생각합니다

가도 아주 가지는

않노라심은

굳이 잊지 말라는 부탁인지요

향기시집 안에서 우리 만나서
서로 웃고 느끼고 행복했으면 합니다.

해가 산마루에 저물어도

해가 산마루에 저물어도
내게 두고는 당신 때문에 저뭅니다.

해가 산마루에 올라와도
내게 두고는 당신 때문에 밝은 아침이라고 할 것입니다.

땅이 꺼져도 하늘이 무너져도
내게 두고는 끝까지 모두다 당신 때문에 있습니다.

다시는, 나의 이러한 맘 뿐은, 때가 되면,
그림자같이 당신한테로 가우리다.

오오, 나의 애인이었던 당신이어.

밭고랑 위에서

우리 두 사람은
키 높이 가득 자란 보리밭, 밭고랑 위에 앉았어라.
일을 필^畢하고 쉬이는 동안의 기쁨이여.
지금 두 사람의 이야기에는 꽃이 필 때.

오오 빛나는 태양은 나려쪼이며
새 무리들도 즐거운 노래, 노래 불러라.
오오 은혜여, 살아 있는 몸에는 넘치는 은혜여,
모든 은근스러움이 우리의 맘속을 차지하여라.

세계의 끝은 어디? 자애의 하늘은 넓게도 덮였는데,
우리 두 사람은 일하며, 살아있어서,
하늘과 태양을 바라보아라, 날마다 날마다도,
새롭고 새로운 환희를 지어내며, 늘 같은 땅 위에서.

다시 한번 활기 있게 웃고 나서, 우리 두 사람은

바람에 일리우는 보리밭 속으로
호미 들고 들어갔어라, 가즈란히 가즈란히,
걸어 나아가는 기쁨이여, 오오 생명의 향상이여.

비단안개

눈들이 비단안개에 둘리울 때,
그때는 차마 잊지 못할 때러라.
만나서 울던 때도 그런 날이오,
그리워 미친 날도 그런 때러라.

눈들이 비단안개를 둘리울 때,
그때는 홀목숨은 못 살 때러라.
눈 풀리는 가지에 당치마귀로
젊은 계집 목매고 달릴 때러라.

눈들이 비단안개에 둘리울 때,
그때는 종달새 솟을 때러라.
들에랴, 바다에랴, 하늘에서랴,
알지 못할 무엇에 취할 때러라.

눈들이 비단안개에 둘리울 때,

그때는 차마 잊지 못할 때러라.
첫사랑 잊던 때도 그런 날이오,
영이별 있던 날도 그런 때러라.

새벽

낙엽이 발이 숨는 못물 가에
우뚝우뚝한 나무 그림자
물빛조차 어슴푸러히 떠오르는데,
나 혼자 섰노라, 아직도 아직도
동녘하늘은 어두운가.
천인天人에도 사랑 눈물, 구름되어,
외로운 꿈의 베개 흐렸는가
나의 님이여, 그러나 그러나
고이도 불그스레 물 질러 와라
하늘 밟고 저녁에 섰는 구름.
반달은 중천에 지새일 때.

가을 아침에

어둑한 퍼스렷한* 하늘 아래서
회색의 지붕들은 번쩍거리며,
성깃한 섭나무의 드믄 수풀을
바람은 오다가다 울며 만날 때,
보일락 말락 하는 멧골에서는
안개가 어스러히 흘러 쌓여라.
아아 이는 찬비 온 새벽이러라.
냇물도 잎새 아래 얼어붙누나.
눈물에 쌓여 오는 모든 기억은
피 흘린 상처조차 아직 새로운
가주난** 아기같이 울며 서두는
내 영을 에워싸고 속살거려라.

- 퍼스렷한: 약한 푸른 빛을 띤
- 가주난: 갓난, '가주'는 '갓'의 평안도 지방어

'그대의 가슴속이 가비엽든* 날
그리운 그 한때는 언제였었노!'
아아 어루만지는 고운 그 소리
쓰라린 가슴에서 속살거리는,
미움도 부끄럼도 잊은 소리에,
끝없이 하염없이 나는 울어라.

* 가비엽든: 가볍던

공원의 밤

백양가지에 우는 접동은 깊은 밤의 못물에
어렷하기도 하며 아득하기도 하여라.
어둡게 또는 소리 없이 가늘게
줄줄의 버드나무에서는 비가 쌓일 때.

푸른 하늘은 고요히 내려 갈리던 그 보드러운 눈결!
이제, 검은 내는 떠돌아오라 비구름이 되어라.
아아 나는 우노라 그 옛적의 내 사람!

옛이야기

고요하고 어두운 밤이 오면은
어스러한* 등불에 밤이 오면은
외로움에 아픔에 다만 혼자서
하염없는 눈물에 저는 웁니다

제 한 몸도 예전엔 눈물 모르고
조그마한 세상을 보냈습니다
그때는 지난날의 옛이야기도
아무 설움 모르고 외웠습니다

그런데 우리 님이 가신 뒤에는
아주 저를 버리고 가신 뒤에는
전날에 제게 있던 모든 것들이
가지가지 없어지고 말았습니다

* 어스러한: 밝지 않고 조금 어둑한

그러나 그 한때에 외워 두었던
옛이야기뿐만은 남았습니다
나날이 짙어가는 옛이야기는
부질없이 제 몸을 울려 줍니다

깊고 깊은 언약

몹쓸은 꿈을 깨어 돌아누울 때,
봄이 와서 멧나물 돋아나올 때,
아름다운 젊은이 앞을 지날 때,
잊어버렸던 듯이 저도 모르게,
얼결에 생각나는 『깊고 깊은 언약』.

애모

왜 아니 오시나요.
영창에는 달빛, 매화 꽃이
그림자는 산란히 휘젓는데.
아이. 눈 꽉 감고 요대로 잠을 들자.

저 멀리 들리는 것!
봄철의 밀물 소리
물나라의 영롱한 구중궁궐, 궁궐의 오요한 곳,
잠 못 드는 용녀의 춤과 노래, 봄철의 밀물 소리.

어두운 가슴 속의 구석구석…
환연한 거울 속에, 봄 구름 잠긴 곳에,
소슬비 나리며, 달무리 둘려라.
이대도록 왜 아니 오시나요.
왜 아니 오시나요.

만나려는 심사

저녁 해는 지고서 어스름의 길
저 먼 산엔 어두워 잃어진 구름
만나려는 심사는 웬 셈일까요
그 사람이야 올 길 바이 없는데
발길은 누 마중을 가잔 말이냐
하늘엔 달 오르며 우는 기러기

맘에 속의 사람

잊힐 듯이 볼 듯이 늘 보던 듯이
그립기도 그리운 참말 그리운
이 나의 맘에 속에 속 모를 곳에
늘 있는 그 사람을 내가 압니다

인제도 인제라도 보기만 해도
다시 없이 살뜰할 그 내 사람은
한두 번만 아니게 본 듯하여서
나자부터 그리운 그 사람이요

남은 다 어림없다 이를지라도
속에 깊이 있는 것 어찌하는가
하나 진작 낯모를 그 내 사람은
다시 없이 알뜰한 그 내 사람은

나를 못 잊어하여 못 잊어하여

애타는 그 사랑이 눈물이 되어
한끝 만나려 하는 내 몸을 가져
몹쓸음을 둔 사람, 그 나의 사람?

실제失題 2

이 가람과 저 가람이 모두 처 흘러
그 무엇을 뜻하는고?

미더움을 모르는 당신의 맘

죽은 듯이 어두운 깊은 골의
꺼림직한 괴로운 몹쓸 꿈의
퍼르죽죽한 불길은 흐르지만
더듬기에 지치운 두 손길은
불어 가는 바람에 식히셔요
밝고 호젓한 보름달이
새벽의 흔들리는 물노래로
수줍음에 추움에 숨을 듯이
떨고 있는 물 밑은 여기외다.

미더움을 모르는 당신의 맘

저 산과 이 산이 마주 서서
그 무엇을 뜻하는고?

드리는 노래

한집아 사람 같은 저기 저 달님

당신은 사랑의 달님이 되고
우리는 사랑의 달무리 되자.
쳐다보아도 가까운 달님
늘 같이 놀아도 싫잖은 우리.

미더운 의심 없는 모름의 달님

당신은 분명한 약속이 되고
우리는 분명한 지킴이 되자.
밤이 지샌 뒤라도 그믐의 달님
잊은 듯 보였다도 반기는 우리.

귀엽긴 귀여워도 의젓한 달님

당신은 온 천하의 달님이 되고
우리는 온 천하의 잔별이 되자.
넓은 하늘이라도 좁았던 달님
수줍음 수줍음을 따르는 우리.

낭인의 봄

휘둘리 산을 넘고, 굽어진 물을 건너,
푸른 풀 붉은 꽃에 길 걷기 시름이여.

잎 누른 시닥나무, 철 이른 푸른 버들,
해 벌써 석양인데 불슷는 바람이여.

골짜기 이는 연기 뫼 틈에 잠기는데,
산마루 도는 손의 슬지는 그림자여.

산길 가의 외론 주막, 에이그 쓸쓸한데
먼저 든 짐장사의 곤한 말 한 소리여.

지는 해 그림지니, 오늘은 어데까지,
어둔 뒤 아무 데나, 가다가 묵을레라.

풀숲에 물김 뜨고, 달빛에 새 노래는,
고운 밤 야반에도 내 사람 생각이여.

시詩는 말하지 않음으로써 말한다.

粉 얼 골

불빗헤 써오르는 샛보얀 얼골,
그 얼골이 보내는 호젓한 냄새,
오고 가는 입술의 주고밧는 盞,
가느스럼한 손씰은 아르대여라.

검으스러하면서도 붉으스러한
어렴풋하면서도 다시 분명分明한
줄그늘 우헤 그대의 목노리,
달빗치 수풀 우흘 써흐르는가.

그대하고 나하고 쏘는 그 계집
밤에 노는 세사람, 밤의 세사람,
다시금 술잔 우의 긴 봄밤은
소래도 업시 窓박그로 새여싸져라

두 사람

흰 눈은 한 잎
또 한 잎
영기슭을 덮을 때.
짚신에 감발하고 길심 메고
우뚝 일어나면서 돌아서도……
다시금 또 보이는,
다시금 또 보이는.

- 감발하고: 무명천으로 발을 감싸고

원앙침

바드득 이를 갈고
죽어 볼까요
창가에 아롱아롱
달이 비춘다.

눈물은 새우잠의
팔굽베개요
봄 꿩은 잠이 없어
밤에 와 운다.

두동달이 베개[•]는
어디 갔는고
언제는 둘이 자던 베갯머리에
죽자 사자 언약도 하여 보았지.

- 두동달이 베개: 부부가 함께 베는 긴 베개

봄 메의 멧기슭에
우는 접동도
내 사랑 내 사랑
조히* 울 것다.

두둥달이 베개는
어디 갔는고
창가에 아롱아롱
달이 비춘다.

- 조히: 조용히

합장

나들이. 단 두 몸이라. 밤빛은 베어 와라
아, 이거 봐, 우거진 나무 아래로 달 들어라.
우리는 말하며 걸었어라, 바람은 부는 대로.

등불 빛에 거리는 해적여라*, 희미한 하느편**에
고이 밝은 그림자 아득이고
퍽도 가까운 풀밭에서 이슬이 번쩍여라.

밤은 막 깊어, 사방은 고요한데,
이마즉***, 말도 안 하고, 더 안 가고,
길가에 우두커니. 눈 감고 마주 서서.
먼먼 산. 산절의 절 종소리. 달빛은 지새어라.

* 해적여라: 해작이다, 무엇을 찾으려 조금씩 들추다
** 하느편: 서쪽편
*** 이마즉: 이마적의 지방어, 지나간 얼마 동안의 가까운 때

초혼

산산이 부서진 이름이여!
허공 중에 헤어진 이름이여!
불러도 주인 없는 이름이여!
부르다가 내가 죽을 이름이여!

심중에 남아 있는 말 한 마디는
끝끝내 마저 하지 못하였구나.
사랑하던 그 사람이여!
사랑하던 그 사람이여!

붉은 해는 서산 마루에 걸리었다.
사슴의 무리도 슬피 운다.
떨어져 나가 앉은 산 위에서
나는 그대의 이름을 부르노라.

설움에 겹도록 부르노라.

설움에 겹도록 부르노라.
부르는 소리는 비껴 가지만
하늘과 땅 사이가 너무 넓구나.

선 채로 이 자리에 돌이 되어도
부르다가 내가 죽을 이름이여!
사랑하던 그 사람이여!
사랑하던 그 사람이여!

2부

거뭇한

설움

봄비

어룰* 없이 지는 꽃은 가는 봄인데
어룰 없이 오는 비에 봄은 울어라.
서럽다, 이 나의 가슴속에는!
보라, 높은 구름 나무의 푸릇한 가지.
그러나 해 늦으니 어스름인가.
애달피 고운 비는 그어오지만
내 몸은 꽃자리에 주저 앉아 우노라.

• 어룰: 얼굴의 평안도 지방어

오는 봄

봄날이 오리라고 생각하면서
쓸쓸한 긴 겨울을 지나 보내라.
오늘 보니 백양白楊의 버든 가지에
전에 없이 흰 새가 앉아 우러라.

그러나 눈이 깔린 두던 밑에는
그늘이냐 안개냐 아즈랑이냐.
마을들은 곳곳이 움직임 없이
저편 하늘아래서 평화롭건만.

새들게 지껄이는 까치의 무리.
바다를 바라보며 우는 까마귀.
어디로서 오는지 종경 소리는
젊은 아기 나가는 조곡吊曲일너라.

보라 때에 길손도 머뭇거리며

지향 없이 갈 발이 곳을 몰라라.
사무치는 눈물은 끝이 없어도
하늘을 쳐다보는 살음의 기쁨.

저마다 외로움의 깊은 근심이
오도 가도 못하는 망상거림에
오늘은 사람마다 님을 여의고
곳을 잡지 못하는 설움 일너라.

오기를 기다리는 봄의 소래는
때로 여윈 손끝을 울릴지라도
수풀 밑에 서리운 머리낄들은
걸음걸음 괴로이 발에 감겨라.

가는 봄 삼월

가는 봄 삼월, 삼월은 삼질
강남 제비도 안 잊고 왔는데
아무렴은요
설게 이 때는 못 잊게 그리워

잊으시기야 했으랴, 하마 어느새
님 부르는 꾀꼬리 소리
울고 싶은 바람은 점도록 부는데
설리도 이 때는
가는 봄 삼월, 삼월은 삼질

작은 방 속을 나 혼자

찬 안개는 덮어 나리는 흰 서리로
처젖은 잎은 아득이는 이 저녁
아, 의지 없는 내 영靈은 떨며 울어라
늙음을 재촉하는 서러운 나이여

가려는 어둠은 나뭇가지에 걸리며
쌔왓는 잎 아래로 뿌려 스며라
먼 지구의 하늘 그림자로 들면서는
검은 머리 하루 함께 스러지어라

설움의 덩이

꿇어 앉아 올리는 향로의 향불.
내 가슴에 조그만 설움의 덩이.
초닷새 달 그늘에 빗물이 운다.
내 가슴에 조그만 설움의 덩이.

고독

설움의 바닷가의 모래밭이라
침묵의 하루 해만 또 저물었네

탄식의 바닷가의 모래밭이니
꼭 같은 열두 시만 늘 저무누나

바잽의 모래밭에
돋는 봄풀은
매일 붓는 벌불에 터도 나타나

설움의 바닷가의
모래밭은요
봄 와도 봄 온줄을 모른다더라

이즘의 바닷가의 모래밭이면
오늘도 지는 해니 어서 져다오

아쉬움의 바닷가 모래밭이니
뚝 씻는 물소리가 들려나다오

엄숙

나는 혼자 뫼 위에 올랐어라.
솟아 퍼지는 아침 햇볕에
풀잎도 번쩍이며
바람은 속삭여라.
그러나
아아 내 몸의 상처받은 맘이여
맘은 오히려 저푸고˙ 아픔에 고요히 떨려라.
또 다시금 나는 이 한때에
사람에게 있는 엄숙을 모다 느끼면서

• 저푸고: 두렵고 혹은 무섭고

옛 낯

생각의 끝에는 졸음이 오고
그리움의 끝에는 잊음이 오나니
그대여, 말을 말아라, 이후부터
우리는 옛 낯 없는 설움을 모르리

백 년이 지난 오늘날 보아도
갓 지어진 세계를,
소월은 완성했다.

예전에 미처 몰랐어요

봄 가을 없이 밤마다 돋는 달도
'예전엔 미처 몰랐어요'

이렇게 사무치게 그리울 줄도
'예전엔 미처 몰랐어요'

달이 암만 밝아도 쳐다볼 줄을
'예전엔 미처 몰랐어요'

이제금 저 달이 설움인 줄은
'예전엔 미처 몰랐어요'

바다가 변하여 뽕나무밭 된다고

걷잡지 못할 만한 나의 이 설움,
저무는 봄 저녁에 져 가는 꽃잎,
져가는 꽃잎들은 나부끼어라.
예로부터 일러 오며 하는 말에도
바다가 변하여 뽕나무밭 된다고.
그러하다, 아름다운 청춘의 때의
있다던 온갖 것은 눈에 설고
다시금 낯모르게 되나니,

보아라, 그대여, 서럽지 않은가,
봄에도 삼월三月의 져 가는 날에
붉은 피같이도 쏟아져 내리는
저기 저 꽃잎들을, 저기 저 꽃잎들을.

밤

홀로 잠들기가 참말 외롭아요
맘에는 사뭇차도록 그립어 와요
이리도 무던히
아주 얼골조차 잊힐 듯해요

밟서 해가 지고 어둡는대요,
이곳은 인천의 제물포, 이름난 곳,
부슬부슬 오는 비에 밤이 더디고
바닷바람이 칩기만 합니다.

다만 고요히 누워 들으면
다만 고요히 누워 들으면
하이얗게 밀어드는 봄 밀물이
눈앞을 가로막고 흐느낄 뿐이야요.

서울밤

붉은 전등.
푸른 전등.
넓다란 거리면 푸른 전등.
막다른 골목이면 붉은 전등.
전등은 반짝입니다.
전등은 그무립니다.
전등은 또다시 어스렷합니다.
전등은 죽은 듯한 긴 밤을 지킵니다.

나의 슴의 속 모를 곳의
어둡고 밝은 그 속에서도
붉은 전등이 흐득여 웁니다.
푸른 전등이 흐득여 웁니다.

붉은 전등.
푸른 전등.

머나먼 밤하늘은 새카맙니다.
머나먼 밤하늘은 새카맙니다.

서울 거리가 좋다고 해요.
서울 밤이 좋다고 해요.
붉은 전등.
푸른 전등.
나의 가슴의 속 모를 곳의
푸른 전등은 고적합니다.
붉은 전등은 고적합니다.

가는 길

그립다
말을 할까
하니 그리워

그냥 갈까
그래도
다시 더 한 번……

저 산에도 까마귀, 들에 까마귀,
서산西山에는 해 진다고
지저귑니다.

앞강물, 뒷강물,
흐르는 물은
어서 따라오라고 따라 가자고
흘러도 연달아 흐릅디다려.

3부

송글한
아림

엄마야 누나야

엄마야 누나야 강변 살자,
뜰에는 반짝이는 금모래빛,
뒷문 밖에는 갈잎의 노래
엄마야 누나야 강변 살자.

부모

낙엽이 우수수 떨어질 때,
겨울의 기나긴 밤,
어머님하고 둘이 앉아
옛이야기 들어라.

나는 어쩌면 생겨나와
이 이야기 듣는가?
묻지도 말아라, 내일 날에
내가 부모 되어서 알아보랴?

우리 집

이 바로
외따로 와 지나는 사람 없으니
'밤 자고 가자' 하며 나는 앉아라.

저 멀리, 하느편에
배는 떠나 나가는
노래 들리며

눈물은
흘려나려라
스르르 나려 감는 눈에.

꿈에도 생시에도 눈에 선한 우리집
또 저 산 넘어넘어
구름은 가라.

달맞이

정월 대보름날 달맞이,
달맞이 달마중을, 가자고!
새라새옷*은 갈아입고도
가슴엔 묵은 설움 그대로,
달맞이 달마중을, 가자고!
달마중 가자고 이웃집들!
산 위에 수면에 달 솟을 때,
돌아들 가자고, 이웃집들!
모작별** 삼성이 떨어질 때.
달맞이 달마중을 가자고!
다니던 옛동무 무덤가에
정월 대보름날 달맞이!

* 새라새옷: 새롭고, 새로운 옷
** 모작별: 저녁 무렵의 금성

바라건대는 우리에게
우리의 보섭대일 땅이 있었더면

나는 꿈꾸었노라, 동무들과 내가 가즈란히
벌 가의 하루 일을 다 마치고
석양에 마을로 돌아오는 꿈을,
즐거이, 꿈 가운데.

그러나 집 잃은 내 몸이어,
바라건대는 우리에게 우리의 보섭˚대일 땅이 있었더면!
이처럼 떠돌으랴, 아침에 점을손˚˚에
새라 새로운 탄식을 얻으면서.

동이랴, 남북이랴,
내 몸은 떠가나니, 볼지어다,
희망의 반짝임은, 별빛이 아득임은.

- ˚ 보섭: 보습의 지방어, 쟁기나 가래 같은 농기구의 술바닥에 끼우는 넓적한 쇳조각
- ˚˚ 점을손: 해가 지는 무렵, 저물녘

물결뿐 떠올라라, 가슴에 팔다리에.

그러나 어쩌면 황송한 이 심정을! 날로 나날이 내 앞에는
자칫 가느른 길이 이어가라. 나는 나아가리라
한 걸음, 또 한 걸음, 보이는 산비탈엔
온 새벽 동무들 저저 혼자…… 산경*을 김매이는.

* 산경: 산에 있는 길, 산길

나는 세상 모르고 살았노라

'가고 오지 못한다'는 말을
철없던 내 귀로 들었노라.
만수산萬壽山 올라서서
옛날엔 갈라선 그 내 님도
오늘날 뵈올 수 있었으면.

나는 세상 모르고 살았노라,
고락에 겨운 입술로는
같은 말도 조금 더 영리하게
말하게도 지금은 되었건만.
오히려 세상 모르고 살았으면!

'돌아서면 모심타'는 말이
그 무슨 뜻인 줄을 알았으랴.

• 모심타: 무심타의 작은 말

제석산帝昔山 붙는 불은 옛날에 갈라선 그 내 님의
무덤의 풀이라도 태왔으면!

팔베개 노래

첫날에 길동무
만나기 쉬운가
가다가 만나서
길동무 되지요.

날 긇다˙ 말어라
가장家長님만 님이랴
오다가다 만나도
정붓들면˙˙ 님이지.

화문석 돗자리
놋촛대 그늘엔
칠십년 고락을

* 긇다: 그르다
** 정붓들면: 정이 붙어 들면

다짐둔 팔베개.

드나는 곁방의
미닫이 소리라
우리는 하루밤
빌어얻은 팔베개.

조선의 강산아
네가 그리 좁더냐
삼천리 서도西道를
끝까지 왔노라.

삼천리 서도를
내가 여기 왜 왔나

* 서도: 황해도와 평안도를 통틀어 이르는 말

남포南浦의 사공님
날 실어다 주었소.

집 뒷산 솔밭에
버섯 따던 동무야
어느 뉘집 가문에
시집 가서 사느냐.

영남의 진주는
자라난 내 고향
부모 없는
고향이라우.

오늘은 하루밤
단잠의 팔베개
내일은 상사相思의

거문고 베개라

첫닭아 꼬꾸요
목놓지 말아라
품속에 있던 님
길차비 차릴라.

두루두루 살펴도
금강 단발령
고갯길도 없는 몸
나는 어찌 하라우.

영남 진주는
자라난 내 고향
돌아갈 고향은
우리 님의 팔베개.

시집을 덮고 나면 어느덧 나는
그의 세계 어느 높은 절벽 위에 선 채
이렇게 말하게 된다.
당신의 그리움이 뭘 만들었는지 좀 봐요…….

삭주 구성

물로 사흘 배 사흘
먼 삼천리
더더구나 걸어 넘는 먼 삼천리
삭주 구성은 산을 넘은 육천리요

물맞아 함빡히 젖은 제비도
가다가 비에 걸려 오노랍니다
저녁에는 높은 산
밤에 높은 산

삭주 구성은 산 넘어
먼 육천리
가끔가끔 꿈에는 사오천리
가다오다 돌아오는 길이겠지요

서로 떠난 몸이길래 몸이 그리워

님을 둔 곳이길래 곳이 그리워
못 보았소 새들도 집이 그리워
남북으로 오며가며 아니 합디까

들끝에 날아가는 나는 구름은
반쯤은 어디 바로 가 있을 텐고
삭주 구성은 산 넘어
먼 육천리

여수 旅愁

1

유월 어스름 때의 빗줄기는
암황색의 시골屍骨을 묶어 세운 듯,
뜨며 흐르며 잠기는 손의 널쪽은
지향도 없어라, 단청의 홍문!

2

저 오늘도 그리운 바다,
건너다보자니 눈물겨워라!
조그마한 보드라운 그 옛적 심정의
분결 같던 그대의 손의
사시나무보다도 더한 아픔이
내 몸을 에워싸고 휘떨며 찔러라,
나서 자란 고향의 해돋는 바다요.

• 시골: 사체의 유골, 뼈만 남은 시체

바다

뛰노는 흰 물결이 일고 또 잦는
붉은 풀이 자라는 바다는 어디

고기잡이꾼들이 배 위에 앉아
사랑노래 부르는 바다는 어디

파랗게 좋이 물든 남빛 하늘에
저녁놀 스러지는 바다는 어디

곳없이 떠다니는 늙은 물새가
떼를 지어 좇니는* 바다는 어디

건너서서 저편은 딴 나라이라
가고 싶은 그리운 바다는 어디

* 좇니는: 늘 좇아다니는

산 위에

산 위에 올라서서 바라다보면
가로막힌 바다를 마주 건너서
님 계시는 마을이 내 눈앞으로
꿈하늘 하늘같이 떠오릅니다.

흰 모래 모래 비낀 선창(船倉)가에는
한가한 뱃노래가 멀리 잦으며
날 저물고 안개는 깊이 덮여서
흩어지는 물꽃뿐 아득입니다.

이윽고 밤 어둡는 물새가 울면
물결 좇아 하나둘 배는 떠나서
저 멀리 한바다로 아주 바다로
마치 가랑잎같이 떠나갑니다.

나는 혼자 산에서 밤을 새우고

아침해 붉은 볕에 몸을 씻으며
귀 기울고 솔곳이* 엿듣노라면
님 계신 창 아래로 가는 물노래

흔들어 깨우치는 물노래에는
내 님이 놀라 일어 찾으신대도
내 몸은 산 위에서 그 산 위에서
고이 깊이 잠들어 다 모릅니다

* 솔곳이: 고개를 조금 숙이거나 귀를 기울이는 모양

남의 나라 땅

돌아다 보이는 무쇠다리
얼결에 띄워 건너서서
숨그르고 발 놓는 남의 나라 땅.

물마름

주으린 새 무리는 마른 나무의
해 지는 가지에서 재갈이던 때.
온종일 흐르던 물 그도 곤하여
놀지는 골짜기에 목이 메던 때.

그 누가 알았으랴 한쪽 구름도
걸려서 흐득이는 외로운 영嶺을
숨차게 올나서는 여윈 길손이
달고 쓴 맛이라면 다 겪은 줄을.

그곳이 어디더냐 남이 장군南怡將軍이
말 먹여 물 찌엇던 푸른 강물이
지금에 다시 흘러 뚝을 넘치는
천백리 두만강이 예서 백십 리.

무산茂山의 큰 고개가 예가 아니냐

누구나 예로부터 의義를 위하야
싸우다 못 이기면 몸을 숨겨서
한때의 못난이가 되는 법이라.

그 누가 생각하랴 삼백 연래三百年來에
참아 받지 다 못할 한과 모욕을
못 이겨 칼을 잡고 일어섰다가
인력의 다함에서 스러진 줄을.

부러진 대쪽으로 활을 메우고
녹쓸은 호미쇠로 칼을 버려서
다독茶毒된 삼천리에 북을 울리며
정의의 기를 들던 그 사람이여.

그 누가 기억하랴 다복동茶北洞에서
피 물든 옷을 닙고 외치던 일을

정주성定州城 하룻밤의 지는 달빛에
애 끊친 그 가슴이 숫기된 줄을.

물 위의 뜬 마름에 아침 이슬을
불 붙는 산마루에 피었던 꽃을
지금에 우러르며 나는 우노라
이루며 못 이룸에 박薄한 이름을.

마음의 눈물

내 마음에서 눈물난다.
뒷산에 푸르른 미류나무 잎들이 알지,
내 마음에서, 마음에서 눈물나는 줄을,
나 보고 싶은 사람, 나 한 번 보게 하여 주소,
우리 작은놈 날 보고 싶어하지.
건너집 갓난이도 날 보고 싶을 테지,
나도 보고 싶다, 너희들이 어떻게 자라는 것을.
나 하고 싶은 노릇 나 하게 하여 주소.
못 잊어 그리운 너의 품속이여!
못 잊히고, 못 잊혀 그립길래 내가 괴로와하는 조선이여.

마음에서 오늘날 눈물이 난다.
앞뒤 한길 포플러 잎들이 안다.
마음속에 마음의 비가 오는 줄을,
갓난이야 갓놈아 나 바라보라

아직도 한길 위에 인기척 있나,
무엇 이고 어머니 오시나보다.
부뚜막 쥐도 이젠 달아났다.

제이, 엠, 에쓰

평양서 나신 인격의 그 당신님 제이, 엠, 에쓰•
덕없는 나를 미워하시고
재주 있던 나를 사랑하셨다
오산 계시던 제이, 엠, 에쓰
십 년 봄 만에 오늘 아침 생각난다
근년 처음 꿈 없이 자고 일어나며.
얽은 얼굴에 자그만 키와 여윈 몸매는
달은 쇠끝 같은 지조가 튀여날 듯
타듯 하는 눈동자만이 유난히 빛나셨다.
민족을 위하여는 더도 모르시는 열정의 그님,

소박한 풍채, 인자하신 옛날의 그 모양대로,
그러나, 아— 술과 계집과 이욕에 헝클어져

• JMS: 민족운동가이자 정치가였던 조만식 선생의 영문 이니셜. 김소월 시인이 수학한 오산학교 교장을 지냈다.

십오년에 허주한* 나를
웬일로 그 당신님

맘속으로 찾으시오? 오늘 아침.
아름답다, 큰 사랑은 죽는 법 없어,
기억되어 항상 내 가슴 속에 숨어 있어,
미처 거츠르는** 내 양심을 잠재우리,
내가 괴로운 이 세상 떠날 때까지.

* 허주한: 허깨비 같은, 허술하다, 무심하거나 소홀하다.
** 거추르는: 거칠어지는

상쾌한 아침

무연한 벌 위에 들어다 놓은 듯한 이 집
또는 밤새에 어디서 어떻게 왔는지 아지 못할 이 비.
신개지新開地에도 봄은 와서 가냘픈 빗줄은
뚝가의 아슴푸레한 개버들 어린 엄도 축이고,
난벌에 파릇한 뉘집 파밭에도 뿌린다.
뒷 가시나무밭에 깃들인 까치떼 좋아 지껄이고
개굴가에서 오리와 닭이 마주 앉아 깃을 다듬는다.
무연한 이 벌 심거서 자라는 꽃도 없고 메꽃도 없고
이 비에 장차 이름 모를 들꽃이나 필는지?
장쾌한 바닷물결, 또는 구릉의 미묘한 기복도 없이
다만 되는 대로 되고 있는 대로 있는 무연한 벌!
그러나 나는 내버리지 않는다, 이 땅이 지금 쓸쓸타고,
나는 생각한다, 다시금, 시원한 빗발이 얼굴을 칠 때,
예쁘뿐 있을 앞날의 많은 변전의 후에
이 땅이 우리의 손에서 아름다와질 것을! 아름다와질 것을!

4부

나릿한
머묾

바람과 봄

봄에 부는 바람, 바람 부는 봄,
작은 가지 흔들리는 부는 봄바람,
내 가슴 흔들리는 바람, 부는 봄,
봄이라 바람이라 이 내 몸에는
꽃이라 술잔이라 하며 우노라.

봄밤

실버드나무의 거무스레한 머릿결인 낡은 가지에
제비의 넓은 깃나래의 감색 치마에
술집의 창 옆에, 보아라, 봄이 앉았지 않은가.

소리도 없이 바람은 불며, 울며, 한숨지어라
아무런 줄도 없이 설고 그리운 새카만 봄밤
보드라운 습기는 떠돌며 땅을 덮어라.

여름의 달밤

서늘하고 달밝은 여름밤이여
구름조차 희미한 여름밤이여
그지없이 거룩한 하늘로서는
젊음의 붉은 이슬 젖어 나려라.

행복의 맘이 도는 높은 가지의
아슬아슬 그늘 잎새를
배불러 기어 도는 어린 벌레도
아아 모든 물결은 복 받았어라.

뻗어뻗어 오르는 가시덩굴도
희미하게 흐르는 푸른 달빛이
기름 같은 연기에 떠 감을러라.
아아 너무 좋아서 잠 못 들어라.

우굿한˚ 풀대들은 춤을 추면서
갈잎들은 그윽한 노래 부를 때.
오오 내려 흔드는 달빛 가운데
나타나는 영원을 말로 새겨라.

자라는 물벼 이삭 벌에서 불고
마을로 은銀 숫듯이˚˚ 오는 바람은
눅잣추는˚˚˚ 향기를 두고 가는데
인가들은 잠들어 고요하여라.

하루 종일 일하신 아기 아바지
농부들도 편안히 잠들었어라.
영 기슭의 어둑한 그늘 속에선

˚ 우굿한: 조금 우거진 듯한
˚˚ 숫듯이: 씻듯이
˚˚˚ 눅잣추는: 위로하는

쇠스랑과 호미뿐 빛이 피어라.

이윽고 식새리˙의 우는 소리는
밤이 들어가면서 더욱 잦을 때
나락밭 가운데의 우물가에는
농녀農女의 그림자가 아직 있어라.

달빛은 그무리며˙˙ 넓은 우주에
잃어졌다 나오는 푸른 별이요.
식새리의 울음의 넘는 곡조요.
아아 기쁨 가득한 여름밤이여.

삼간집에 불붙는 젊은 목숨의

˙   식새리: 귀뚜라미의 정주 지방어
˙˙ 그무리며: 불빛이 밝아졌다 점점 침침해지며

정열에 목맺히는 우리 청춘은
서느러운 여름밤 잎새 아래의
희미한 달빛 속에 나부끼어라.

한때의 자랑 많은 우리들이여.
농촌에서 지나는 여름보다도
여름의 달밤보다 더 좋은 것이
인간의 이 세상에 다시 있으랴.

조고만 괴로움도 내어버리고
고요한 가운데서 귀기울이며
흰달의 금물결에 노를 저어라
푸른밝의 하늘로 목을 놓아라.

아아 찬양하여라 좋은 한때를
흘러가는 목숨을 많은 행복을.

여름의 어스러한 달밤 속에서
꿈같은 즐거움의 눈물 흘러라.

월색 月色

달빛은 밝고 귀뚜라미 울 때는
우두키 시멋 없이 잡고 섰던 그대를
생각하는 밤이여, 오오 오늘 밤
그대 찾아 데리고 서울로 가나?

가을 저녁에

물은 희고 길구나, 하눌보다도.
구름은 붉구나, 해보다도.
서럽다, 높아 가는 긴 들끝에
나는 떠돌며 울며 생각한다, 그대를.

그늘 깊어 오르는 발 앞으로
끝없이 나아가는 길은 앞으로.
키높은 나무 아래로, 물마을은
성깃한 가지가지 새로 떠오른다.

그 누가 온다고 한 언약도 없것마는!
기다려볼 사람도 없것마는!
나는 오히려 못물가를 싸고 떠돈다.
그 못물로는 놀이 잦을 때.

찬 저녁

퍼르스릿한 달은, 성황당의
데군데군 허러진 담 모도리에
우둑히 걸리었고, 바위 위의
까마귀 한쌍, 바람에 나래를 펴라.

엉기한 무덤들은 들먹거리며,
눈 녹아 황토 드러난 멧기슭의,
여긔라, 거리 불빛도 떨어져 나와,
집 짓고 들었노라, 오오 가슴이어

세상은 무덤보다도 다시 멀고
눈물은 물보다 더 더움이 없어라.
오오 가슴이여, 모닥불 피어오르는
내 한세상, 마당가의 가을도 갔어라.

그러나 나는, 오히려 나는

소리를 들어라, 눈석이물어 씨거리는,
땅 위에 누워서, 밤마다 누워,
담 모도리에 걸린 달을 내가 또 봄으로.

바닷가의 밤

한줌만 가느다란 좋은 허리는
품 안에 차츰차츰 졸아들 때는
지새는 겨울 새벽 춥게 든 잠이
어렴풋 깨일 때다 둘도 다 같이
사랑의 말로 못할 깊은 불안에
또 한끝 후줄군한 옅은 몽상에
바람은 쌔우친다 때에 바닷가
무서운 물소리는 잦 일어온다.
엉킨 여덟 팔다리 걷어 채우며
산뜩히 서려 오는 머리칼이여.

사랑은 달콤하지 쓰고도 맵지
햇가는 쓸쓸하고 밤은 어둡지
한밤의 만난 우리 다 마찬가지
너는 꿈의 어머니 나는 아버지
일시 일시 만났다 나뉘어 가는

곳 없는 몸 되기도 서로 같거든
아아아 허수롭다 살음은 말로.
아, 이봐 그만 일자 창이 희었다.
슬픈 날은 도적같이 달려들었다.

꿈길

물구슬의 봄 새벽 아득한 길
하늘이며 들 사이에 넓은 숲
젖은 향기 불긋한 잎 위의 길
실 그물의 바람비쳐 젖은 숲
나는 걸어가노라 이러한 길
밤 저녁의 그늘진 그대의 꿈
흔들리는 다리 위 무지개 길
바람조차 가을 봄 걷히는 꿈.

길

어제도 하로밤
나그네 집에
가마귀 가왁가왁 울며 새웠소.

오늘은
또 몇 십 리
어디로 갈까.

산으로 올라갈까
들로 갈까
오라는 곳이 없어 나는 못가오.

말 마소, 내 집도
정주 곽산
차 가고 배 가는 곳이라오.

여보소, 공중에
저 기러기
공중엔 길 있어서 잘 가는가?

여보소, 공중에
저 기러기
열십자 복판에 내가 섰소

갈래갈래 갈린 길
길이라도
내게 바이 갈 길은 하나 없소

구름

저기 저 구름을 잡아타면
붉게도 피로 물든 저 구름을,
밤이면 새카만 저 구름을.
잡아타고 내 몸은 저 멀리로

구만리 긴 하늘을 날아 건너
그대 잠든 품속에 안기렸더니,
애스러라˙, 그리는 못한대서,
그대여, 들으라 비가 되어
저 구름이 그대한테로 나리거든
생각하라, 밤저녁, 내 눈물을.

• 애스러라: 야속하다

자주 구름

물 고운 자주 구름,
하늘은 개여 오네.
밤중에 몰래 온 눈
솔숲에 꽃피었네.

아침볕 빛나는데
알알이 뛰노는 눈

밤새에 지난 일은……
다 잊고 바라보네.

움직거리는 자주 구름.

혼곤한 저녁노을,
그 뒤를 따라오는
매캐한 황혼의 냄새.

오시는 눈

땅 위에 쌔하얗게 오시는 눈.
기다리는날에는 오시는 눈.
오늘도 저 안 온 날 오시는 눈.
저녁불 켤 때마다 오시는 눈.

하늘 끝

불현듯
집을 나서 산을 치달아
바다를 내다보는 나의 신세여!
배는 떠나 하늘로 끝을 가누나!

열락

어둡게 깊게 목 메인 하늘.
꿈의 품속으로써 굴러나오는
애달피 잠 안 오는 유령의 눈결.
그림자 검은 개버드나무에
쏟아져 내리는 비의 줄기는
흐느껴 비끼는 주문의 소리.

시커먼 머리채 풀어헤치고
아우성하면서 가시는 따님.
헐벗은 벌레들은 꿈틀일 때,
흑혈黑血의 바다. 고목 동굴.

탁목조˙의
쪼아리는 소리, 쪼아리는 소리.

- 탁목조: 딱따구리

붉은 조수

바람에 밀려드는 저 붉은 조수
저 붉은 조수가 밀려들 때마다
나는 저 바람 우에 올라서서
푸릇한 구름의 옷을 입고
불 같은 저 해를 품에 안고
저 붉은 조수와 나는 함께
뛰놀고 싶구나, 저 붉은 조수와.

접동새

접동
접동
아우래비 접동

진두강津頭江 가람가에 살던 누나는
진두강 앞마을에
와서 웁니다

옛날, 우리나라
먼 뒷쪽의
진두강 가람가에 살던 누나는
의붓어미 시샘에 죽었습니다

누나라고 불러보랴

오오 불설워*
시새움에 몸이 죽은 우리누나는
죽어서 접동새가 되었습니다

아홉이나 남아되던 오랩동생**을
죽어서도 못잊어 차마 못잊어
야삼경夜三更 남 다 자는 밤이 깊으면
이 산저 산 옮아가며 슬피 웁니다.

* 불설워 - 불쌍하고 서러워
** 오랩동생 - 오라비와 동생

닭은 꼬꾸요

닭은 꼬꾸요, 꼬꾸요 울제,
헛잡으니 두 팔은 밀려났네.
애도 타리만치 기나긴 밤은……
꿈 깨친 뒤엔 감도록 잠 아니 오네.

위에는 청초靑草 언덕, 곳은 깊섬,
엊저녁 대인 남포南浦 뱃간.
몸을 잡고 뒤재며 누웠으면
솜솜하게도 감도록 그리워오네.

아무리 보아도
밝은 등불, 어스렷한데.
감으면 눈속엔 흰 모래밭,

- 솜솜하게: 뚜렷하게

모래에 어린 안개는 물 위에 슬제
대동강 뱃나루에 해 돋아오네.

귀뚜라미

산바람 소리.
찬비 떨어지는 소리.
그대가 세상 고락苦樂 말하는 날 밤에,
순막집 불도 지고 귀뚜라미 울어라.

산유화

산에는 꽃 피네
꽃이 피네
갈 봄 여름 없이
꽃이 피네

산에
산에
피는 꽃은
저만치 혼자서 피어 있네

산에서 우는 적은 새요
꽃이 좋아
산에서
사노라네

산에는 꽃 지네

꽃이 지네
갈 봄 여름 없이
꽃이 지네

첫 치마

봄은 가나니 저문 날에,
꽃은 지나니 저문 봄에,
속없이 우나니 지는 꽃을,
속없이 느끼나니 가는 봄을.
꽃지고 잎진 가지를 잡고
미친듯 우나니, 집난이*는
해 다 지고 저문 봄에
허리에도 감은 첫치마를
눈물로 함빡히 쥐여짜며
속없이 우노나 지는 꽃을,
속없이 느끼노나, 가는 봄을

* 집난이: 집을 떠난 사람, 시집간 딸

널

성촌의 아가씨들
널 뛰노나
초파일 날이라고
널을 뛰지요

바람 불어요
바람이 분다고!
담 안에는 수양의 버드나무
채색줄 층층 그네 매지를 말아요

담 밖에는 수양의 늘어진 가지
늘어진 가지는
오오 누나!
휘젓이 늘어져서 그늘이 깊소.

좋다 봄날은

몸에 겹지
널 뛰는 성촌의 아가씨네들
널은 사랑의 버릇이라오.

담배

나의 긴 한숨을 동무하는
못 잊게 생각나는 나의 담배!
내력을 잊어버린 옛 시절에
났다가 새없이 몸이 가신
아씨님 무덤 위의 풀이라고
말하는 사람도 보았어라.
어물어물 눈앞에 스러지는 검은 연기,
다만 타붙고 없어지는 불꽃.
아 나의 괴로운 이 맘이어.
나의 하욤없이 쓸쓸한 많은 날은
너와 한가지로 지나가라.

• 하욤없이: 하염없이의 지방어

옷과 밥과 자유

공중에 떠다니는
저기 저 새여
네 몸에는 털 있고 깃이 있지.

밭에는 밭곡식
논에는 물벼
눌하게 익어서 수그러졌네.

초산楚山 지나 적유령
넘어선다.
짐 실은 저 나귀는 너 왜 넘니?

님과 벗

벗은 설움에서 반갑고
님은 사랑에서 좋아라.
딸기꽃 피여서 향기로운 때를
고추의 붉은 열매 익어가는 밤을
그대여, 부르라, 나는 마시리.

기분전환

땀, 땀, 여름볕에 땀 흘리며
호미 들고 밭고랑 타고 있어도,
어디선지 종달새 울어만 온다,
헌출한˚ 하늘이 보입니다요, 보입니다요.

사랑, 사랑, 사랑에, 어스름을 맞은 님
오나 오나 하면서, 젊은 밤을 한소시 조바심할 때,
밟고 섰는 다리 아래 흐르는 강물!
강물에 새벽빛이 어립니다요, 어립니다요.

• 헌출한: 보기 좋을 정도로 적당히 큰

건강한 잠

상냥한 태양이 씻은 듯한 얼굴로
산속의 고요한 거리 위를 쏟다.
봄 아침 자리에서 갓 일어난 몸에
홑것을 걸치고 들에 나가 거닐면
산뜻이 살에 숨는 바람이 좋기도 하다.
뾰죽뾰죽한 풀엄을
밟는가봐 저어
발도 사분히 가려놓을 때
과거의 십년 기억은 머리 속에 선명하고
오늘날의 보람 많은 계획이 확실히 선다.
마음과 몸이 아울러 유쾌한 간밤의 잠이어.

만리성

밤마다 밤마다
온 하룻밤!
쌓았다 헐었다
긴 만리성!

우리가 언어라고 일컫는
이 예쁜 돌들을 가지고 탑을 쌓는 중이다.
이것이 백 년 후 누군가에게
새 눈이 새 빛이 새 바람이 새 꿈이
그리고 새 시가 되기를,
기도하는 마음으로.

사노라면 사람은 죽는 것을

하루라도 몇번씩 내 생각은
내가 무엇하라고 살라는지?
모르고 살았노라, 그럴 말로
그러나 흐르는 저 냇물이
흘러가서 바다로 든댈진댄˙.
일로 쫓아 그러면, 이 내 몸은
애쓴다고는 말부터 잊으리라.
사노라면 사람은 죽는 것을
그러나, 다시 내 몸,
봄빛의 불붙는 사태흙에
집짓는 저 개아미
나도 살려하노라, 그와 같이

사는 날 그날까지

· 든댈진댄: 들진대를 뜻하는 평안도 지방어

삶에 즐거워서,
사는 것이 사람의 본뜻이면
오오 그러면 내 몸에는
다시는 애쓸 일도 더 없어라
사노라면 사람은 죽는 것을.

등불과 마주 앉았으려면

적적히
다만 밝은 등불과 마주 앉았으려면
아무 생각도 없이 그저 울고만 싶습니다,
왜 그런지야 알 사람이 없겠습니다마는.

어두운 밤에 홀로이 누웠으려면
아무 생각도 없이 그저 울고만 싶습니다,
왜 그런지야 알 사람도 없겠습니다마는,
탓을 하자면 무엇이라 말할 수는 있겠습니다마는.

꽃촉燭불 켜는 밤

꽃촉불 켜는 밤, 깊은 골방에 만나라.
아직 젊어 모를 몸, 그래도 그들은
해 달 같이 밝은 맘, 저저마다 있노라.
그러나 사랑은 한두 번만 아니라, 그들은 모르고.

꽃촉불 켜는 밤, 어스레한 창 아래 만나라.
아직 앞길 모를 몸, 그래도 그들은
솔대 같이 굳은 맘, 저저마다 있노라.
그러나 세상은, 눈물날 일 많아라, 그들은 모르고

- 저저마다: '저마다'를 강조하는 말.

하다 못해 죽어 달려가 올라

아주 나는 바랄 것 더 없노라
빛이랴 허공이랴,
소리만 남은 내 노래를
바람에나 띄워서 보낼밖에.
하다못해 죽어 달려가 올라
좀더 높은 데서나 보았으면!

한세상 다 살아도
살은 뒤 없을 것을,
내가 다 아노라 지금까지
살아서 이만큼 자랐으니.
예전에 지나 본 모든 일을
살았다고 이를 수 있을진댄!

물가의 닳아져 널린 굴꺼풀에
붉은 가시덤불 뻗어 늙고

어득어득 저문 날을
비바람에 울지는 돌무더기
하다못해 죽어 달려가 올라
밤의 고요한 때라도 지켰으면!

깊이 믿던 심성

깊이 믿던 심성이 황량한 내 가슴 속에,
오고 가는 두서너 구우舊友를 보면서 하는 말이
이제는, 당신네들도 다 쓸데없구려!

흘러가는 물이라 맘이 물이면

옛날에 곱던 그대 나를 향하여
귀엽은 그 잘못을 이르렀느냐.
모두 다 지어 묻은 나의 지금은
그대를 불신不信 망정 다 잊었노라.
흘러가는 물이라 맘이 물이면
당연히 이미 잊고 바렸을러라.
그러나 그 당시에 나는 얼마나
앉았다 일어섰다 설위 울었노
그 연갑年甲의 젊은이 길에 어려도
뜬눈으로 새벽을 잠에 달려도
남들은 좋은 운수 가끔 볼 때도
얼없이˙ 오다 가다 멈칫 섰어도.
자네의 차부˙˙ 없는 복도 빌며

- ˙ 얼없이: 정신없이.
- ˙˙ 차부: '채비'의 평안도 방언.

덧없는 삶이라 쓴 세상이라
슬퍼도 하였지만 맘이 물이라
저절로 차츰 잊고 말았었노라.

무신 無信

그대가 돌이켜 물을 줄도 내가 아노라,
무엇이 무신無信함이 있더냐? 하고,
그러나 무엇하랴 오늘날은
야속히도 당장에 우리 눈으로
볼 수 없는 그것을, 물과 같이
흘러가서 없어진 맘이라고 하면.

검은 구름은 멧기슭에서 어정거리며,
애처롭게도 우는 산山의 사슴이
내 품에 속속들이 붙안기는 듯.
그러나 밀물도 쎄이고 밤은 어두워
닻 주었던 자리는 알 길이 없어라.
시정市井의 흥정 일은
외상外上으로 주고받기도 하건마는.

추회 追悔

나쁜 일까지라도 생의 노력,
그 사람은 선사善事도 하였어라
그러나 그것도 허사라고!
나 역시 알지마는, 우리들은
끝끝내 고개를 넘고 넘어
짐 싣고 닫던 말도 순막집의
허청˚가 석양 손에
고요히 조으는 한때는 다 있나니,
고요히 조으는 한때는 다 있나니.

- 허청: 헛간으로 쓰는 별채.

저만치 봄, 걸음걸음 진달래

초판 1쇄 인쇄 2025년 5월 26일
초판 1쇄 발행 2025년 6월 10일

지은이 김소월
펴낸이 하인숙

기획총괄 김현종
책임편집 김다희
마케팅 김미숙
디자인 studio forb

펴낸곳 더블북
출판등록 2009년 4월 13일 제2022-000052호
주소 서울시 양천구 목동서로 77 현대월드타워 1713호
전화 02-2061-0765 **팩스** 02-2061-0766
블로그 https://blog.naver.com/doublebook
인스타그램 @doublebook_pub
포스트 post.naver.com/doublebook
페이스북 www.facebook.com/doublebook1
이메일 doublebook@naver.com

ⓒ 김소월, 2025
ISBN 979-11-93153-72-7 (03810)

- 이 책은 저작권법에 따라 보호를 받는 저작물이므로 무단전재와 무단복제를 금합니다.
- 이 책의 전부 또는 일부 내용을 재사용하려면 사전에 저작권자와 더블북의 동의를 받아야 합니다.
- 인쇄·제작 및 유통상의 파본 도서는 구입하신 서점에서 교환해드립니다.
- 면지에 분사된 향은 시간과 보존 상태에 따라 지속성이 달라질 수 있고, 향의 강도는 개인의 후각 경험과 상태에 따라 다르게 느낄 수 있습니다.